PROLOGUE.

Le Theatre represente le Palais de Mars.

SCENE PREMIERE.
MARS, LA RENOMME'E.
Suite de Mars. Suite de la Renommée.

MARS.

UBLIEZ les Exploits nouveaux
Du Vainqueur de la Terre,
Plus d'ennemis luy declarent la Guerre,
Et plus ses triomphes sont beaux.
C'est la seule clemence
Qui peut désarmer sa vengeance,
Il a vaincu mille Peuples divers
Si ses desirs égalloient sa puissance,
Il rangeroit tout l'Univers
Sous son obeïssance.

PROLOGUE.
LE CHOEUR.

Chantons tous ſes fameux Exploits
Trompettes & Tambours répondez à nos voix.
LA RENOMME'E.
Dans les Siecles paſſez je publiois la gloire
De tous les fameux conquerans,
Cependant j'avois des momens
Qui n'eſtoient pas marquez par la Victoire.
Mais depuis que le Ciel a donné ce Heros
J'ay toûjours trop à dire,
Il ne prend jamais de repos
Pour luy ſeul je ne puis ſuffire.

Je volle en tous lieux
Je parle ſans ceſſe,
Pour annoncer ſes Exploits glorieux
Mais c'eſt en vain que je me preſſe.
De ſa valeur le trop rapide cours
Me devance toujours,
Et lorſqu'avec un ſoin fidelle
J'apprens à l'Univers ce qu'il fait d'éclatant.
Il ſe couronne au meſme inſtant
D'une gloire nouvelle.

LE CHOEUR.

Chantons tous ſes fameux Exploits
Trompettes & Tambours répondez à nos voix.

DIDON,

TRAGEDIE.
EN MUSIQUE.

REPRESENTE'E
PAR L'ACADEMIE ROYALLE
DE MUSIQUE.

A PARIS,
Par CHRISTOPHE BALLARD, seul Imprimeur du Roy
pour la Musique, ruë Saint-Jean de Beauvais,
au Mont-Parnasse.
ET SE VEND
A la Porte de l'Academie Royalle de Musique,
ruë Saint Honoré.

M. DC. XCIII.
AVEC PRIVILEGE DV ROY.

ACTEURS
DU PROLOGUE.

Mars.
LA RENOMME'E.
Suite de Mars.
Suite de la Renommée.
VENUS.
Suite de Venus.

PROLOGUE.
MARS.

Qu'on entende le bruit & le fracas des armes
La Gloire a pour luy mille charmes,
Hastez-vous d'élever un trophée à l'honneur
De ce redoutable Vainqueur.

SCENE DEUXIE'ME.
MARS, LA RENOMME'E, VENUS.
Suite de Mars. Suite de la Renommée.
Suite de Venus.

VENUS.

Ce bruit de guerre m'épouvante
En ferez-vous toujours vos plus charmans concerts,
Rendez le calme à l'Univers,
Puisque la France est triomphante.
Impitoyable Mars laissez regner la Paix
Quel bien pour moy peut avoir plus d'attraits.
Sans elle je ne puis rétablir mon Empire,
En vain l'Amour promet mille douceurs
Ce n'est plus pour luy qu'on soupire
La Gloire occupe tous les cœurs.

MARS.

Ne vous plaignez point de la Gloire,
Le Heros qu'elle suit au milieu des combats
Commande à la Victoire;

PROLOGUE.

Malgré la guerre un repos plein d'appas
Regne dans ces heureux climats,
Vous trouverez de doux aziles
Pour les amours & les plaisirs,
Et de jeunes cœurs inutiles,
Qui se rendront toujours au gré de vos desirs.

MARS, VENUS ET LA RENOMME'E.

Accordez-vous Tymballes & Trompettes,
Avec le doux son des Musettes,
Qu'on entende tour à tour
Des chants de victoire & d'amour.

Le Chœur repete ces derniers Vers.

CHOEUR DE NYMPHES.

Dans le bonheur qui nous enchante
Pourrions nous ne pas aymer?
Ah! qu'une ame contente
Est facile à charmer.
Quand on fait son unique affaire
Des Ris, des Jeux & des Plaisirs,
Le tendre Amour ne tarde guere
De faire sentir ses desirs.

N'esperez pas fiere sagesse
De pouvoir garder nos cœurs,
De l'aymable jeunesse
Nous goûtons les douceurs,

PROLOGUE.

Quand on fait son unique affaire
Des Ris, des Jeux & des Plaisirs,
Le tendre Amour ne tarde guere
De faire sentir ses desirs.

UNE NYMPHE.

Dans ces lieux que l'amour a d'attraits
Nous allons au devant de ses traits,
Et jamais
Nos cœurs satisfaits
N'ont poussé de regrets :
Ne craignez point ses coups,
Il sont doux
Jeunes cœurs rendez-vous
Chacun à son tour,
Doit se rendre à l'Amour.
Qui se livre à ce Dieu si charmant
S'épargne du tourment,
Hastez-vous de former de beaux nœuds
Ah! qu'on est heureux
Quand on est amoureux.
Langueurs, transports, desirs,
Source de plaisirs,
Aymables ardeurs,
Enchantez tous les cœurs.

MARS.

Jeux innocens prenez de nouveaux charmes,
A l'abry des Lauriers

PROLOGUE.

Du plus grand des Guerriers.
Aprés avoir chanté le bonheur de ses armes
Faites revivre en son auguste Cour,
De Didon la fameuse histoire
Et montrez que la Gloire
Dans les grands cœurs l'emporte sur l'Amour.

LE CHOEUR.

Le vainqueur des vainqueurs a lancé son Tonnerre,
Tout tremble, tout reçoit ses loix,
On le voit triompher sur les eaux, sur la terre,
Publions à jamais tant de fameux Exploits.

FIN DU PROLOGUE.

ACTEURS

ACTEURS DE LA TRAGEDIE.

DIDON, *Reyne de Carthage, veuve de Sichée.*
ANNE, *Sœur de Didon.*
ENE'E, *fils de Venus Prince Troyen, Amant de Didon.*
IARBE, *Roy de Getulie, fils de Jupiter, amoureux de Didon.*
ARCAS, *confident d'Iarbe.*
ACATE, *confident d'Enée.*
BARCE', *confidente de Didon.*
Troupe de Carthaginois.
JUPITER.
Troupe de Faunes.
Troupe de Driades.
VENUS.
UNE MAGICIENNE.
Troupe de Demons.

Troupe de Furies.

Troupe d'Esprits Aëriens transformez en Amours.

LES JEUX.

LES PLAISIRS.

MERCURE.

L'OMBRE DE SICHÉE.

La Scene est à Carthage.

DIDON,
TRAGEDIE.
ACTE PREMIER.
Le Theatre represente le Palais
de Didon.

SCENE PREMIERE.
DIDON seule.

Ui pourroit me causer le trouble qui m'a-
gite
Dans un jour destiné pour les Jeux les
plus doux?
Junon approuve ma conduite,
Du plus grand des Heros je me fais un Epoux;

B ij

DIDON,

J'ay fait un pompeux Sacrifice
Pour me rendre le Ciel propice,
Que puis-je avoir à redouter?
Est-ce encor mon perfide frere,
Est-ce Iarbe dont la colere
Pourroit enfin éclater?

J'ay méprisé ses feux & sa constance,
Sans luy je n'aurois pas un azile en ces lieux
Ah! quels seront ses transports furieux
De voir qu'un étranger ait eu la preference?

Mais pourquoy m'allarmer? tout me sera soûmis,
En épousant Enée, au moins j'ay lieu d'attendre
Que sa valeur sçaura bien me deffendre
Contre mes plus fiers ennemis.

SCENE SECONDE.
DIDON, ANNE.
ANNE.

Charmante Reine, enfin voicy cet heureux jour
Où nous verrons l'Hymen d'accord avec l'A-
mour;
Qu'elle gloire pour vous que ces Dieux soient en-
semble!

TRAGEDIE.

Ils paroissoient ennemis sans retour,
Et vostre beauté les rassemble.

Est-il un sort plus doux ?
Vostre ardeur est extrême,
Le Heros qui vous ayme
Veut estre vostre époux ;
Est-il un sort plus doux ?

DIDON.

Malgré le bon-heur qui m'enchante
Mon cœur ne peut goûter de tranquilles plaisirs,
Du malheureux Sichée une image sanglante
Vient chaque jour m'arracher des soupirs ;
Je ne puis vaincre ma foiblesse,
Je crois le voir à tout moment
Me reprocher que j'avois fait serment
De luy conserver ma tendresse.

ANNE.

Je vous l'ay dit cent fois,
Ne craignez point d'estre infidelle
A ceux qui sont dans la nuit eternelle,
D'un époux qui n'est plus on n'entend point la voix.
Ce n'est qu'une pure chimere,
Enée a sceu vous plaire,
Il est du sang des Dieux,
La mere d'Amour est sa mere,

DIDON,
Vous luy donnez la main, pouvez-vous faire mieux?

DIDON.

Vous m'avez conseillé d'abandonner mon ame
A ma naissante flâme,
De vos conseils j'ay suivy la douceur;
Mais j'ay fait encore d'avantage,
J'ay découvert à mon vainqueur
Que je partageois sa langueur.

Ce fut le jour de ce fatal orage
Qui nous surprit en chassant dans ces bois,
De Junon j'entendis la voix,
Elle nous fit entrer dans une grotte sombre,
Où nous ne craignions plus les vents impetueux;
Mais, helas! le silence & l'ombre
Pour des amans sont bien plus dangereux;
Enée avoit trop de tendresse,
Je ne pus luy cacher le secret de mon cœur,
En presence de la Déesse
Nous nous sommes promis une éternelle ardeur.

ANNE.

Il vient, & ses regards vont dissiper la crainte
Dont vostre ame est atteinte,
Je vais presser vostre bonheur,
Et finir vos allarmes
En pressant un Hymen si doux si plein de charmes.

TRAGEDIE.

SCENE TROISIE'ME.
DIDON, ENE'E.

ENE'E.

BElle Reine, ce jour qui doit me rendre heureux,
  Fait languir mon cœur amoureux.
Je voudrois déja voir la fin de cette fête;
Lorsqu'à la celebrer tout le peuple s'apprête,
Il retarde l'instant qui doit combler mes vœux.

DIDON.

C'est peu pour vous de recevoir l'homage
  Des peuples de Carthage;
Ah! que ne puis-je en vous donnant la main
De l'Univers entier vous rendre aussi le maître!
Contentez-vous de meriter de l'être,
  Le reste dépend du Destin.

ENE'E.

Pour les Grandeurs je ne suis point sensible,
  Depuis que vous m'avez charmé,
  Non, non, il ne m'est pas possible
De goûter de plaisir que celuy d'estre aymé.

Aux douceurs d'une amour extrême
  Il faut borner tous nos desirs,

DIDON.

Ne nous occupons plus de la Grandeur suprême,
Goûtons en nous aimant de tranquiles plaisirs,
Aux douceurs d'une amour extrême,
Il faut borner tous nos desirs.

ENE'E & DIDON.

Non, rien n'égale ma tendresse,
J'aime avec plus d'ardeur qu'on n'a jamais aimé,
Mon amour m'occupe sans cesse,
De mille & mille feux mon cœur est consumé;
Non, rien n'égale ma tendresse,
J'aime avec plus d'ardeur qu'on n'a jamais aimé.

DIDON.

Brûlerez-vous toûjours d'une si belle flâme?

ENE'E.

Seray-je toûjours dans vostre ame?

DIDON.

Rien ne sçauroit me dégager
Du nœud charmant qui nous lie.

ENE'E.

Plûtost que de changer
Je perdray la vie.

ENE'E & DIDON.

Quand on aime tendrement
On n'est jamais sans allarmes,
Plus un amour a de charmes,
Et plus on craint un fatal changement:
Quand on aime tendrement
On n'est jamais sans allarmes.

TRAGEDIE.

SCENE QUATRIE'ME.
DIDON, ENE'E, ANNE.

ANNE.

JE vous retrouve icy dans une paix profonde,
Vous estes enchantez d'un entretien trop doux,
Si je ne revenois à vous
Vous pourriez oublier tout le reste du monde :
Des Sujets empressez arrivent dans ces lieux
Pour vous marquer leur zele.
Chacun veut vous jurer qu'il vous sera fidele,
Venez, Prince, venez vous montrer à leurs yeux

SCENE CINQUIE'ME.
DIDON, ENE'E, ANNE, les Peuples de Carthage.

UNE CARTHAGINOIE.

Nous venons rendre homage
Au plus grand des Heros,
Il assure le repos
De l'heureuse Carthage ;
Nous venons rendre homage
Au plus Grand des Heros.

Le Chœur repete ces derniers Vers.

DIDON.
UNE CARTHAGINOIE.

Que cet Empire naissant,
Va devenir florissant,
Nous ne craindrons plus la rage
De nos ennemis jaloux,
Et nous aurons l'avantage
De braver leur vain courroux.

Le Chœur repete ces derniers Vers.

PETIT CHOEUR.

Vivez heureux malgré l'envie,
Que jamais la jalousie
Ne vienne icy troubler de si tendres amours;
Pour prolonger le cours
De vos beaux jours,
Nous aurions du plaisir à donner nostre vie.

UNE CARTHAGINOISE.

Ayme d'une ardeur constante
Une Reyne si charmante,
Le bruit de vostre bonheur
Fera mourir de douleur
Tous les Amans qui pouvoient y pretendre.
Son cœur a méprisé tant d'illustres rivaux
Pour vous seul elle veut reprendre
Des liens nouveaux.

TRAGEDIE.
UN CARTHAGINOIS.

Vous portez en aymant de douces chaînes,
L'Amour prévient tous vos desirs,
Sans avoir connu ses peines
Vous goutez ses plaisirs.

PETIT CHOEUR.

Aymez, brillante jeunesse,
Imitez vostre aymable Princesse,
Abandonnez vos cœurs
A de tendres ardeurs.

UNE CARTHAGINOISE.

Sans un Amant toujours tendre & sincere
Les plus beaux de nos jours sont pour nous sans appas,
Les plaisirs ne touchent guere
Lorsque ceux de l'amour ne les animent pas.

Le Chœur repete ces derniers Vers.

PETIT CHOEUR.

Pourquoy veut-on se deffendre
De ses doux enchantemens?
Que l'on perd d'heureux moments
Quand on n'a pas le cœur tendre!

SCENE SIXIE'ME.
DIDON, ENE'E, ANNE, BARCE.
BARCE'.

Reyne, vous ignorez qu'Iarbe est en ces lieux,
Que ses Vaisseaux sont au Port de Carthage.

ANNE.

N'attendez pas qu'il paroisse à vos yeux
Plein de dépit & de rage,
Au Temple de Junon, venez sans differer,
Pour vostre Himen j'ay tout fait preparer.

ENE'E.

Je crois que ma presence ailleurs est necessaire,
Mon Rival peut causer quelque soulevement,
Allez, belle Princesse, au Temple la premiere,
Je m'y rendray dans un moment.

FIN DU PREMIER ACTE.

TRAGEDIE.

ACTE SECOND.

Le Theatre change, & represente un Bois, & dans l'enfoncement des Rochers, d'où il tombe un Torrent.

SCENE PREMIERE.
IARBE, ARCAS.
IARBE.

EN vain mon cher Arcas, j'ay pressé mon départ,
Dans ces funestes lieux je suis venu trop tard,
Un noir pressentiment vient redoubler ma peine
Et m'assure qu'Enée est l'Epoux de la Reyne,
Va promptement t'eclaircir de mon sort,
Mon seul espoir est la mort.

ARCAS.

Je crains que cette solitude
Ne redouble l'excés de vostre inquietude.

DIDON,

IARBE.

Va, ne t'arreste point, dans l'estat où je suis,
Rien ne sçauroit augmenter mes ennuis.

SCENE SECONDE.
IARBE seul.

Sombres Forests, Rochers inaccessibles,
Fier Torrent, que l'Hyver n'a jamais arresté,
A mes cruels malheurs, vous n'estes point sensibles,
Mais je ne me plains pas de vostre dureté
Augmentez, s'il se peut, les tourmens que j'endure;
Et vous tristes Oyseaux de malheureux augure
Par vos funestes cris annoncez mon trépas,
On m'enleve le cœur de la beauté que j'ayme,
Et dans mon desespoir extrême
Je mourois mille fois si je ne mourois pas.

Pourquoy mourir? Courons à la vengeance,
Il faut punir qui nous offence,
Cherchons ce Troyen trop heureux,
Le mépris qu'on fait de mes feux
Redouble encor le bonheur qui l'enchante.
Qu'elle honte pour moy? ma rage s'en augmente.

Vous qui regnez sur tous les autres Dieux,
Vous sçavez que Didon, errante, vagabonde,
Par mes bienfaits regne en ces lieux.

TRAGEDIE.

Souffrirez-vous, puissant maistre du monde!
Qu'on paye tant d'amour d'un mépris odieux?

Helas! croira-t'on sur la terre
Que je suis Fils du Dieu qui lance le tonnere,
Si l'on voit tant d'heureux mortels
Joüir en repos de leurs crimes
Au moment que je suis au pied de vos Autels
A vous offrir en vain d'innocentes victimes?

SCENE TROISIEME.

Jupiter paroist armé de la Foudre sur un nuage.
JUPITER, IARBE.

JUPITER.

Mon Fils, cesse de t'affliger,
Je jure par le Stix que je vais te vanger.
Si la Reyne de Carthage
Refuse ta main & ton cœur,
Sois seur que ton Rival n'aura pas l'avantage
De triompher de ton malheur.
Et vous Divinitez de ce sejour paisible,
Faunes, Driades, venez tous
Calmez, s'il est possible,
Ses mouvemens jaloux,
Par vos chants les plus doux.

SCENE QUATRIEME.

IARBE. Troupe de Faunes & de Driades.

DEUX DRIADES.

Dans la belle saison les fleurs & la verdure
Parent nos bois & nos champs.
Mais c'est l'Amour plûtost que le Printemps
Qui charme toute la nature.
Sans la douceur des amours
Tout languit dans les plus beaux jours.

LE CHOEUR.

Aymons sans cesse
Changeons toujours
Une nouvelle tendresse
Pour réveiller les cœurs est d'un puissant secours,
Aymons sans cesse,
Changeons toujours.

VNE DRIADE.

En amour c'est un avantage
De pouvoir estre inconstant.
Heureux un cœur qui se dégage
Quand il n'est pas content.
En amour c'est un avantage
De pouvoir estre inconstant.

TRAGEDIE.
UN FAUNE.

Nous goûtons les plaisirs les plus doux de la vie
Sans chagrin, sans jalousie,
Nous changeons chaque jour.
Il n'importe à l'Amour,
Il ne s'offence
Que de l'indiference.

UN FAUNE.

Sans cesser d'estre amoureux
Nous cessons d'estre fideles,
Nous quittons des beautez cruelles
Pour former de plus doux nœuds,
Nous cessons d'estre fideles
Sans cesser d'estre amoureux.

LE CHOEUR.

Aymons sans cesse
Changeons toûjours.
Une nouvelle tendresse
Pour réveiller les cœurs est d'un puissant secours.
Aymons sans cesse,
Changeons toûjours.

IARBE.

Joüissez des plaisirs où l'Amour vous convie,
Trop heureuses Divinitez,
De ces lieux écartez
Laissez-moy dans ma rêverie.

D

DIDON;
Retirez-vous, je suis trop malheureux
Pour prendre part à vos jeux.

SCENE CINQUIE'ME.
IARBE, ARCAS.
ARCAS.

CE n'est pas sans raison que vostre ame allarmée
Par le bruit de la Renommée
Vous fait venir dans ces climats,
Tout parle de l'amour de Didon, & d'Enée;
Mais, grace au Ciel, il ne l'épouse pas;
Prest d'achever son himenée
Le Troyen part secretement,
Vostre amour qu'on méprise est vangé pleinement.

IARBE.
Arcas, que me dis tu? peut-on croire sans peine
Un si grand changement?

ARCAS.
C'est par l'ordre des Dieux qu'il quitte cette Reyne.
IARBE.
Ah! si j'avois le bonheur d'être aimé,
Vainement contre moy le Ciel seroit armé,
Tout l'enfer mesme
Ne pourroit me contraindre à quitter ce que j'aime.

TRAGEDIE.
ARCAS.

Les Amans qui sont contens
Ne sont pas les plus constans.

Quand on est seur du cœur d'une Maistresse,
On tourne ailleurs ses desirs,
Ce ne sont pas toujours les plaisirs
Qui font durer la tendresse.

Quelqu'un tourne icy ces pas,
C'est un Troyen, je le vois à ses armes.

IARBE.

Ciel! ne seroit-ce pas
Ce trop heureux Rival qui cause mes allarmes?
Je veux m'en éclaircir.

ARCAS.

Il part, que faites vous?

IARBE.

Je ne puis écouter que mon juste couroux.

DIDON,

SCENE SIXIE'ME.
ENE'E, IARBE, ARCAS.

IARBE.

UN mouvement de jalousie
Me fait connoître en vous ce fortuné Troyen,
Ce ravisseur d'un bien
Qui pouvoit faire un jour la douceur de ma vie.

ENE'E.

Ce mouvement jaloux
Me fait connoître en vous
Le Roy de Getulie.

J'ay vû Didon sensible à mon ardeur,
J'ay sur vous cét avantage,
Le Ciel, jaloux de mon bonheur,
M'ordonne de quitter Carthage:
Je pars accablé de douleur,
Faut-il que vous portiez la chaîne
D'une charmante Reyne
Que je ne puis effacer de mon cœur!

IARBE.

Ne craignez-vous point ma vengeance?
Ignorez-vous, audacieux,
Que du Maître des Dieux
J'ay receu la naissance?

TRAGEDIE.
ENEE.

Si Jupiter vous a donné le jour
Je l'ay receu de la mere d'Amour.

Didon me sera toujours chere,
Et sans le Ciel à mon amour contraire,
Avant la fin du jour je serois son époux
Malgré toute vostre colere.

IARBE.

Ah! c'est trop braver mon couroux...
Mais quel nuage l'environne?

SCENE SEPTIE'ME.
VENUS, IARBE, ARCAS.
VENUS.

Arreste, Venus te l'ordonne.
Si tu n'a pas le secret de charmer
Contre mon Fils faut-il s'armer.

Ce n'est point aux Rivaux à qui l'on doit s'en prendre,
Quand on n'est pas aymé d'une ingrate beauté :
Pour la toucher on doit tout entreprendre,
Employer la constance, & la fidelité,
Les soins, les soupirs, & les larmes,
Sont les armes
Dont il faut se servir pour devenir heureux.

DIDON.
Les soins, les soupirs, & les larmes,
Sont les armes
Qui vous font triompher dans l'empire amoureux.

SCENE HUITIEME.

IARBE, ARCAS.

IARBE.

Ah! Divinité cruelle,
Pourquoy nous separez-vous?
Quelle peine mortelle
Pour mon cœur jaloux!
Ah! Divinité cruelle,
Pourquoy nous separez-vous?

ARCAS.

Vous estes trop vangé, il quitte ce qu'il ayme,
Didon va ressentir une douleur extrême.

IARBE.

Allons joüir de ses regrets,
Je veux livrer son cœur au plus cruel supplice,
Luy reprocher son injustice
Et luy faire sentir les maux qu'elle m'a faits.

FIN DU SECOND ACTE.

ACTE III.

Le Theatre change & represente une allée d'Arbres, dont les branches se joignent par le haut en forme de berceau, & dans l'enfoncement une Grotte.

SCENE PREMIERE.
DIDON, UNE MAGICIENNE.
DIDON.

AH! *quelle est mon inquietude*
Au Temple de Junon je n'ay pû de-
   meurer,
Hâtez-vous de me tirer
De ma cruelle incertitude,
J'ay recours à vostre art & j'ay suivy vos pas
   Pour voir vos plus affreux mysteres.

DIDON, UNE MAGICIENNE.

Les Demons aujourd'huy sont sours à mes prieres
J'ay beau les invoquer ils ne m'entendent pas.

DIDON.

Quoy pour augmenter mon martire
Mesme dans les Enfers n'a t'on rien à me dire.

Enée en vain je l'appelle cent fois
Il ne répond pas à ma voix,
Dans le temps que nos cœurs amoureux & fideles
Par l'himen le plus doux devroient se voir unir,
Qui peut le retenir
J'en ressens des peines mortelles.

Malgré son extrême valeur
De son Rival je crains la rage,
Que peut le plus grand courage
Contre l'amour en fureur.

Mais ne seroit-il point volage,
Que deviendrais-je, helas! si ce retardement
Est l'effet de son changement,
J'ay conté sur ton assistance
Conjure de nouveau l'infernalle puissance.

UNE MAGICIENNE.

Redoublons nos efforts
Employons des charmes plus forts,
Invoquons Pluton mesme
Il connoist le tourment qu'on souffre quand on aime

Puissant

TRAGEDIE.

Puissant Dieu des Enfers
Que l'Amour autrefois a tenu dans ses fers,
Soyez touché des maux d'une Amante fidelle
Faites-luy sçavoir promptement,
Par les noirs habitans de la nuit éternelle,
Ce qui retient son Amant.

La Terre s'ouvre en plusieurs endroits, il en sort des Demons & des Furies.

SCENE SECONDE.

DIDON, UNE MAGICIENNE.
Troupe de Demons. Troupe de Furies.

UNE FURIE.

Tu reverras bien-tost Enée,
Tu passeras encor du plaisir au tourment
Dans cette fatale journée,
Mais aprés un cruel moment
Tu joüiras d'une paisible vie,
Qui ne sera jamais sujette au changement
Et qui n'aura plus rien à craindre de l'envie.

CHOEUR des Habitans des Enfers.

Dans nos gouffres affreux
Parmy les feux,

DIDON,

Les tourmens effroyables
Nous sommes moins miserables,
Qu'un cœur dans l'empire amoureux.

Dans les Enfers sans cesse on nous tourmente,
C'est un horrible sejour,
Mais nostre chaîne est encor moins pesante
Que la chaîne de l'amour,
La Fureur & la Rage
Sont nostre partage.
Nous n'aymons rien
C'est toûjours un bien,
La Fureur & la Rage
Sont nostre partage,
Nous n'aymons rien
C'est toûjours un avantage.

Les Demons & les Furies s'abiment.

SCENE TROISIE'ME.
DIDON, UNE MAGICIENNE.

UNE MAGICIENNE.

Tout répond à vos souhaits
L'Enfer a remply vostre attente
Dans ce jour vous serez contente,
Vous joüirez d'une paix
Qui ne finira jamais.

TRAGEDIE.

DIDON.

Je ne me sens pas plus tranquille
Souvent les Demons sont trompeurs,
Ils ne sçauroient dissiper mes frayeurs,
Et ce n'est qu'à l'Amour qu'il peut estre facile
De rasseurer les tendres cœurs.

Tu ne viens point cher objet de ma flame
Rien ne peut égaller mon trouble & ma douleur,
Tout ce que l'Enfer a d'horreur
Est passé dans mon ame.

LA MAGICIENNE.

J'ay besoin de vostre secours,
Venez, Demons des airs, hastez vous de paroistre,
Sous la figure des Amours
Faistes renaistre
Dans le cœur de Didon le plus charmant espoir.
Que la frayeur en soit banie
Par une douce armonie,
Hastez-vous de faire voir
De mes enchantemens le merveilleux pouvoir.

La Magicienne se retire, le Ciel brille d'un nouvel éclat, l'on en voit sortir plusieurs petits Amours qui viennent dancer autour de Didon, en tenant des guirlandes de fleurs.

SCENE QUATRIE'ME.

DIDON, Troupe d'Esprits Aeriens transformez en Amours.

LES AMOURS.

Souvent vos craintes sont vaines
Tendres cœurs consolez-vous,
Il n'est point de biens plus doux
Que ceux qui suivent les peines,
Souvent vos craintes sont vaines
Tendres cœurs consolez-vous.

Les Amours reprennent le chemin des Airs.

SCENE CINQUIE'ME.

DIDON, ANNE.

DIDON.

Je vous revois, ma sœur, que venez-vous m'apprendre.

ANNE.

Ah! Princesse trop tendre,
Faut-il vous accabler d'une vive douleur.

TRAGEDIE.
DIDON.

Cruel Amour est-ce la ce bonheur
    Que je devois attendre.

   Parlez, je tremble de frayeur ;
Ne reverrais-je plus le Heros que j'adore,
    A-t'il perdu le jour.

ANNE.

Son lâche cœur respire encore,
Tremblez, plûtost pour son amour.
    Ce Prince volage
Se prepare à quitter Carthage,
C'est tout ce que j'ay pû sçavoir.

DIDON.

Vous n'en dites que trop, ô! Ciel je suis trahie,
   Ma sœur il y va de ma vie,
Cherchez moy cet ingrat je veux du moins le voir,
   Si l'excés de mon desespoir
  Ne peut toucher son cœur perfide,
   Je me vangeray sur le mien
   De la legereté du sien.

ANNE.

Ne suivez pas le transport qui vous guide,
Vangez-vous d'un Ingrat qui vient de vous trahir,
Mais pour se bien vanger il ne faut pas mourir.

DIDON,

Il faut mourir pour un amant fidelle
Il faut mourir plûtost que de changer,
Mais pour un cœur qui veut se degager
Et qu'en vain l'on rapelle,
Il faut changer d'amour
Plûtost que de perdre le jour.

DIDON.

Ne cherchez point de remede à ma peine,
S'il n'a point de tendre retour.
Ma mort sera certaine
Ma chere sœur pressez vos pas
Sans luy je ne puis vivre,
Peignez-luy, s'il se peut, les horreurs du trépas
Où son inconstance me livre.

ANNE.

Ah! que ne puis-je adoucir vos ennuis,
Et vous rendre la paix que l'on vous a ravie.

DIDON.

O Dieux! je vois le Roy de Getulie,
Je veux l'éviter si je puis.

SCENE SIXIE'ME.

IARBE, DIDON.

IARBE.

Vous me fuyez perfide Reyne,
Vous avez oublié ce que j'ay fait pour vous,
Ingratte inhumaine,
Ne craignez-vous point mon courroux.

Vous pleurez devant moy cruelle
Vous pleurez un volage amant,
Et voftre cœur ingrat refuſe au plus fidelle
Un ſoupir ſeulement.

IARBE & DIDON.

Ah! que je ſuis a plaindre
De ne pouvoir éteindre
Une lache ardeur,
Qui devore mon cœur;
Ah! que je ſuis à plaindre.

DIDON.

Je rougis quand je penſe a ce que je vous doy,
Vous n'avez que trop fait pour moy
Mais la cruelle deſtinée
Ne rend pas voſtre ſort plus doux,
Et ſi ma raiſon eſt pour vous
Mon foible cœur eſt toûjours pour Enée.

DIDON,

IARBE.

C'en est fait le dépit vient de briser mes fers,
Je sors avec plaisir d'un funeste esclavage,
Et je ne me souviens des maux que j'ay soufferts
  Que pour vous haïr davantage.

  Ah! que je me sens agité,
Malheureux j'ayme encor bien plus que je ne pense,
  Le seul garand de nostre liberté
  Est la tranquille indifference.

  Vaines fureurs, transports jaloux
  Helas! de quoy me servez-vous,
  Je vous abandonnois mon ame
  Vous promettiez de me guerir,
  Et loin d'éteindre ma flâme
  C'est elle qui vous fait mourir.

DIDON & HIARBE.

Chassez de vostre cœur l'Amour qui le possede;
Ne voyez plus l'objet qui vous a sceu charmer,
  Quand on veut cesser d'aymer
  L'absence est le plus seur remede.

IARBE.

  Ah! quel remede affreux
  Cruelle est-il possible,
Qu'à mes mortels ennuis vous soyez insensible
  Vous m'avez rendu malheureux.

TRAGEDIE.

Par une injuste preference
Souffrez du moins que je reste en ces lieux,
Peut-estre que le tems, mes soins & ma constance
Vous feront oublier ce Rival odieux.

DIDON.

Non, Prince, il ne faut point que vostre amour se flate,
Je vous plains, mais helas !

IARBE.

Vous me plaignez, Ingrate,
Et cependant vous me laissez mourir
Quand vous pouvez me secourir.

Faites quelque effort sur vous mesme
Contre un ingrat qui vous manque de foy ?
Rien ne vous parle t'il pour moy ?
Ma douleur, mon amour extrême
Ne sçauroient-ils vous attendrir,
Ingrate faut-il vous haïr
Pour s'attirer vostre tendresse.

DIDON.

De mon cœur suis-je la maistresse.

Je n'espere aucun retour
Du perfide qui m'abandonne,
Et malgré les conseils que la raison me donne
Je ne puis surmonter un malheureux amour.

F

DIDON,

Prince, n'augmentez plus mon trouble & vostre peine,
Quittez ces lieux n'esperez pas....

IARBE.

C'en est trop inhumaine,
Je ne reverray plus vos dangereux appas.

Vous m'ostez toute esperance
D'adoucir vostre cruauté,
Mais craignez la juste vangeance
D'un amour irrité.

SCENE SEPTIE'ME.

DIDON seule.

Tout me trahit, tout m'est contraire,
Que vous me servez mal, mes yeux,
Vous inspirez une amour trop sincere
A ceux qui me sont odieux;
Et vous n'avez plus l'art de plaire
A l'objet que j'ayme le mieux.
Tout me trahit, tout m'est contraire,
Que vous me servez mal, mes yeux.

SCENE HUITIE'ME.

DIDON, BARCE'E.

BARCE'E.

DE vostre cœur moderez la tristesse,
Esperez tout de vos attraits,
Enée & la Princesse,
Sont dans vostre Palais.

DIDON.

Quoy? ma sœur le rameine,
Amour viens renouer sa chaîne.

FIN DU TROISIE'ME ACTE.

ACTE IV.

Le Theatre change & represente un grand Salon orné de plusieurs figures qui marquent les Victoires que l'Amour a remportées.

SCENE PREMIERE.
DIDON, ENE'E, ANNE, ACATE.

DIDON.

Est-ce comme un Amant qu'enfin je vous revois,
Ou comme un ennemy qui vient m'oster la vie,
Ah! quand vous me l'aurez ravie,
Qui pourra vous aymer si tendrement que moy.

TRAGEDIE.
ENE'E.

Belle Princesse je vous ayme,
Mais nostre amour autrefois si charmant
Fait mon plus grand tourment,
Je ne puis soulager vostre douleur extrême.
Je suis contraint par un ordre des Dieux
De quitter ces aymables lieux.

DIDON.

O! Ciel, ton excuse est nouvelle,
Les Dieux vangeurs de l'infidelité
Commandent-ils d'estre infidelle;
Je ne puis plus douter de ta legereté,
Acheve ingrat, dis-moy que le perfide Enée,
Ne peut s'assujettir aux loix de l'Hymenée.

ENE'E.

Ne percez point mon cœur des plus funestes coups,
Mon sort me paroistroit toûjours digne d'envie,
Si je pouvois vivre pour vous;
Mais le Destin veut que de l'Italie,
Je fasse un Empire puissant:
Et c'est en vain que l'Amour gemissant,
Veut serrer le nœud qui nous lie.

DIDON.

Quand vous estiez bien enflamé
Vous n'aviez de plaisir que celuy d'estre aymé.

DIDON,

Quelle cruelle difference,
Qu'eſt devenuë une ſi tendre ardeur?
Vous me precipitez du faîte du bonheur
Dans une abiſme de ſouffrance.

ENE'E.

Je ne merite pas vos pleurs.
Je ſçavois bien que ma preſence
Ne feroit qu'aigrir vos douleurs.

DIDON.

Je ne reſpire plus qu'une affreuſe vangeance,
Crains tout de mon reſſentiment.
Barbare tu m'as fait une cruelle offence,
Et tu voulois partir ſecretement,
Sans ſonger que Didon, mourante, fugitive,
Pourroit de ton Rival devenir la captive.

Mais rien ne ſçauroit te toucher
Non, tu n'es point le fils d'une tendre Deeſſe,
Mais bien plutoſt d'une tigreſſe,
Qui t'a nourri ſur quelque affreux Rocher.

ENE'E.

De moment en moment mon deſeſpoir augmente,
Ie me ſens agitté d'un tourment ſans égal,
Quoy? faudra-t'il laiſſer la beauté qui m'enchante
Au pouvoir d'un Rival.

TRAGEDIE.

Importune raison cesse de me contraindre,
Je ne sçaurois quitter de si charmans apas,
Laisse brûler un feu que tu ne peux éteindre,
Tu promets des secours que tu ne donne pas.
Importune raison cesse de me contraindre,
Je ne sçaurois quitter de si charmans apas.

C'en est fait aymable Princesse,
Je demeure en ces lieux, je cede à la tendresse,
Mon cœur ne connoist plus d'autre Divinité,
  Que vostre beauté.

ENE'E, & ANNE.

Vous triomphez charmante Reyne,
Tout cede au pouvoir de vos yeux,
  Malgré l'ordre des Dieux
Vostre Amant réprend sa chaîne.
Vous triomphez charmante Reyne,
Tout cede au pouvoir de vos yeux.

DIDON, ENE'E, & ANNE.

Pour nous } *vanger de cet ordre barbare,*
Pour vous

Qui s'opposoit à { *nos* } *desirs,*
                    { *vos* }

Que jamais rien ne { *nous* } *separe*
                     { *vous* }

Rassemblons } *pour toûjours l'Amour & les Plaisirs.*
Rassemblez

DIDON,

DIDON.

Allons, ma sœur, allons ordonner qu'on apprête,
A l'honneur de l'Amour la plus galante fête,
Il vient de combler mes vœux
Il ma rendu ce que j'ayme,
Je dois prendre soin moy-mesme
De rendre l'appareil pompeux.

SCENE DEUXIE'ME.
ENE'E ACATE.

ACATE.

Vous m'aviez commandé d'aller en diligence
Faire preparer vos Vaisseaux,
Et dans le moment que j'y pense
Vous formez des desseins nouveaux.

Vous deviez n'écoûter que les Dieux & la gloire,
Que sont-ils devenus tous ces beaux sentimens,
L'Amour dans vostre cœur remporte la victoire,
Et vous ne suivez plus que ses doux mouvemens.

ENE'E.

Lorsque Mercure au milieu d'un nuage
M'a commandé d'abandonner Carthage,
Suivant l'ordre des Dieux & du fatal Destin,
J'estois prest d'obeïr mais la Reyne trop tendre,
Au Temple de Junon se lassant de m'attendre,
A penetré mon dessein.

Et m'a fait menacer d'un d'esespoir funeste,
    Tu viens d'estre témoin du reste.

ACATE.

Quoy ? vous l'épouserez enfin
Malgré la suprême puissance.

ENE'E.

Par cet ordre plein de rigueur
Peut-estre que le Ciel veut éprouver mon cœur,
Il pourroit s'offenser de mon obeïssance,
Nous devons à Didon trop de reconnoissance,
Ses bontez ont toûjours prevenu nos souhaits,
Pourrions-nous la trahir aprés tant de bienfaits.

SCENE TROISIE'ME.

ENE'E, DIDON, ANNE, ACATE, BARCE'E.
LES JEUX, LES PLAISIRS. Troupe
de Cartaginois.

DIDON.

Venez charmans Plaisirs il faut que tout res-
    sente,
Dans ces aymables lieux le bonheur qui m'enchante,

ENE'E & DIDON.

Pour celebrer cet heureux jour
Chantez le pouvoir de l'Amour.

G

DIDON,

UN PLAISIR.

D'un tendre amour on ne peut se deffendre,
Les plus grands cœurs sont contraints de se rendre.

LE CHOEUR.

D'un tendre amour on ne peut se deffendre,
Les plus grands cœurs sont contraints de se rendre.

UN PLAISIR.

En vain l'on croit pouvoir s'en garentir
En s'opposant à sa naissante flâme,
Dés qu'il commence à se faire sentir
On ne sçauroit le chasser de son ame.

LE CHOEUR.

D'un tendre amour on ne peut se deffendre,
Les plus grands cœurs sont contraints de se rendre.

UN PLAISIR.

Si la raison aprés mille combats
Dans nostre cœur nous paroist la plus forte,
Lorsqu'on revoit un objet plein d'appas
Un doux penchant sur le devoir l'emporte.

LE CHOEUR.

D'un tendre amour on ne peut se deffendre,
Les plus grands cœurs sont contraints de se rendre.

UN PLAISIR.

L'Amour est fait pour l'aymable jeunesse,
Ah! qu'il est doux de sentir sa tendresse.

TRAGEDIE.
LE CHOEUR.

L'Amour est fait pour l'aymable jeunesse,
Ah! qu'il est doux de sentir sa tendresse.
UN PLAISIR.
Engageons-nous, formons d'aymables nœuds,
Dans le bel âge où l'on est fait pour plaire,
N'attendons-pas à ce temps malheureux,
Où l'on ressent ce qu'on n'inspire guere.
LE CHOEUR.
L'Amour est fait pour l'aymable jeunesse,
Ah! qu'il est doux de sentir sa tendresse.
UN PLAISIR.
Pour s'enflamer le mal est-il si grand,
Dans ces beaux jours peut-on n'estre pas tendre,
L'honneur d'avoir un cœur indifferent
Ne vaut jamais tous les soins qu'il faut prendre.
LE CHOEUR.
L'Amour est fait pour l'aymable jeunesse,
Ah! qu'il est doux de sentir sa tendresse.
LE CHOEUR.
Regnez charmant Heros dans un si beau sejour,
Faites vous redouter sur la terre & sur l'onde,
Donnez des loix à tout le monde,
N'en recevez jamais que de l'Amour.

Les Plaisirs sont interrompus par un grand bruit de Tonnerre, le Ciel se couvre de nuages épais.

DIDON.

DIDON.

Ah! quel surprenant Orage,
Cessez, cessez vos concerts ;
Quel bruit affreux se répend dans les airs,
Quel funeste presage
Cessez, cessez vos concerts.

CHOEUR DE CARTHAGINOIS.

Dieux quels éclats de tonnerre!
Quel épouventable fracas,
Sous nos timides pas
Nous sentons trembler la terre.

DIDON.

Le Ciel est en couroux,
Sauvons nous, sauvons nous.

LE CHOEUR.

Sauvons nous, sauvons nous.

Didon se retire avec toute sa Cour, Enée la voulant suivre est arresté par Mercure.

TRAGEDIE.

SCENE QUATRIE'ME.
MERCURE, ENE'E.

ENE'E.

LE plus beau jour se-change en une nuit obscure.

MERCURE.

Arreste & reconnois Mercure,
De la part du maistre des Dieux
Je viens encor te faire entendre,
Qu'il faut dans ce moment que tu quitte ces lieux.
Ou bien tu dois t'attendre
De recevoir le prix de ta temerité :
Va sauve-toy durant l'obscurité.

SCENE CINQUIEME.
ENE'E seul.

INfortuné que dois-je faire ;
Je ne vois rien qui ne me desespere :
Helas ! faut-il quitter un séjour si charmant.
Ne sçaurois-je des Dieux appaiser la colere,
Qu'en perdant la beauté que j'aime tendrement.

Je mourray si je l'abandonne.
Le plus cruel trépas me paroist moins affreux.
Non je ne puis rompre de si beaux nœuds.
Ne partons point, mais le ciel me l'ordonne;
Et toy ma gloire tu le veux.

Ah! je succombe à ma douleur extrême.
Reservez puissans Dieux
Pour les ambitieux,
La grandeur suprême,
Et me laissez ce que j'aime;
Je fais tout mon bonheur
De regner dans son cœur.

Les éclairs redoublent, le Palais paroist tout en feu.

O! Ciel impitoyable,
Vous n'êtes point touché de mon sort déplorable.
Quel déluge de feu tombe sur ce palais.
Dieux! vous voulez ma mort, vous serez satisfaits.

SCENE SIXIE'ME.
ENE'E, ACATE.
ACATE.

Je vous retrouve, enfin ma crainte est vaine.
Que ces horribles feux m'ont fait trembler pour vous.
Ah! croyez-moy, partez, que rien ne vous retienne.
Appaisez des Dieux le courroux.

TRAGEDIE.
ENE'E & ACATE.

Il faut mourir ⎱ *pour satisfaire,*
Il faut partir ⎰
  A cette loy severe
Je ne pouray ⎱ *souffrir le jour,*
Vous ne pourez ⎰
Loin de l'objet de mon ⎱ *amour.*
Si vous n'immolez vostre ⎰

ACATE.

Fuyez malgré l'amour, fuyez malgré vous-même;
  Ne tardez pas un moment.

ENE'E.

Fuyons malgré l'amour, fuyons malgré-moy-même.
  Ne tardons pas un moment:
Helas! quand on fuit ce qu'on aime,
  Que l'on fuit lentement.

FIN DU QUATRIE'ME ACTE.

ACTE V.

Le Theatre change & represente les Jardins du Palais de Didon, & la Mer dans l'éloignement.

SCENE PREMIERE.

DIDON, BARCE'E.

DIDON.

E Soleil est vainqueur de l'ombre:
Il reprend sa vive clarté;
Mais mon cœur amoureux est toûjours
triste & sombre,
Loin du Heros charmant dont il est enchanté:
Helas! cruel amour, le funeste ravage
Que tu fais dans les tendres cœurs.
Nos soupirs & nos pleurs
Durent bien davantage,
Que le plus grand orage.

TRAGEDIE.

Ou mon amant s'est-il pû retirer,
Lorsqu'un tonnerre affreux a troublé nostre fête?
Ah! si les Dieux vouloient nous separer;
Devoient-ils épargner ma tête?

BARCE'.

Vous cherchez ce Prince amoureux;
Sans doute, il vous cherche de même,
L'orage a fait cesser les Jeux
Avec un desordre extrême;
Mais rien ne peut plus les troubler:
Ils vont se rassembler.
Des Nymphes de ces lieux, une troupe s'avance,
Pour charmer vostre impatience.
Voyez leurs innocens plaisirs,
Je vais chercher l'objet de vos desirs.

SCENE SECONDE.

DIDON. Troupe de Nymphes.
UNE NYMPHE.

L'Orage cesse,
Que l'on se presse,
De profiter d'un temps si beau.
Tout brille d'un éclat nouveau.

DIDON,

Ces lieux ont repris leurs charmes.
L'aimable flambeau du jour
A fait cesser nos allarmes;
Et ce n'est plus que l'amour,
Qui peut nous couter des larmes.

UNE NYMPHE.

Que l'amour a d'apas,
Pourquoy s'en défendre?
Qui craint d'être tendre,
Ne le connoist pas.

UNE NYMPHE & LE CHOEUR.

La beauté, l'aimable jeunesse,
L'éclat pompeux des grandeurs;
Sans l'amour & sa tendresse,
Ne contentent pas les cœurs.

VNE NYMPHE & LE CHOEUR.

Que d'un cœur tendre & fidele,
Le bonheur seroit charmant,
Si d'une absence cruelle,
Il ignoroit le tourment.

VNE NYMPHE & LE CHOEUR.

Eloigné de ce qu'on aime,
On est flatté par l'espoir,
Et le plaisir est extrême,
Quand on vient à se revoir.

DIDON.
Mon inquiétude est mortelle :
Je ne suis point sensible à vos jeux les plus doux.
Allez Nymphes retirez-vous ;
Je vois ma sœur, qu'on me laisse avec elle.

SCENE TROISIE'ME.
DIDON, ANNE.
ANNE.
Vous ignorez encor la grandeur de vos maux,
Enée est un ingrat, pour jamais il vous quite ;
C'est en vain qu'on voudroit s'opposer à sa fuite,
Il est monté sur ses vaisseaux.
DIDON.
Ah ! quel sanglant outrage,
Courons au rivage,
Si mes cris, mes tristes sanglots,
Ne peuvent arrester ce cruel, ce volage.
Précipitons-nous dans les flots,
Courons au rivage.
ANNE.
Voulez-vous des Troyens attirer les mépris ?
Ciel ! quel abaissement pour une grande Reyne.
DIDON.
Faut-il qu'une mort inhumaine,
De mes bienfaits soit le prix ;

H ij

DIDON,

Qu'on fasse des Troyens un horrible carnage,
Hastez-vous de servir ma rage :
Bien tost les vents furieux,
Vont dérober leurs vaisseaux à mes yeux.

ANNE.

Au nom des Dieux que vostre trouble cesse,
Prenez soin de vos jours.

DIDON.

Pour ramener l'ingrat qui trahit ma tendresse
Employons de nouveaux secours ;

Allez tout préparer pour faire un sacrifice,
Ma sœur, rassemblez promptement
Ce qui peut nous rester de ce perfide amant,
Pour l'offrir à l'enfer & le rendre propice ;
Allez, allez, ne tardez pas.
Je vais suivre vos pas.

SCENE QUATRIEME.

DIDON seule.

TU me fuis inconstant, dis-moy quelle est ta rage ?
L'affreux hyver ne sçauroit t'arrester ;
Et pour toy mon amour est plus à redouter
Qu'un funeste naufrage.

TRAGEDIE.

Tous ces flots en courroux me font trembler d'effroy:
    Ils te puniront de ton crime,
De ton ambition tu seras la victime,
    Tandis que je mourray pour toy.

    Ingrat, prens pitié de toy-même;
Différe ton départ, du moins pour quelques jours:
Ne te souvient-il plus de nos tendres amours?
Non, tu n'est point sensible à ma douleur extrême,
    Traistre, tu prens plaisir à voir
      Mon cruel désespoir.
    La plus implacable furie
      Arracha de ton cœur
    Ce qu'il avoit pour moy d'ardeur,
Et t'inspira toute sa barbarie.

Mais le ciel est touché de mes gemissemens;
On entend dans les airs d'horribles sifflemens.
    La foudre, la tempête,
    Eclatent sur ta tête.
Tu vas perir, ah! quel abisme affreux;
Tu ne peux éviter tant d'écüeils dangereux.

    Dieux! c'est trop tost punir sa perfidie:
      Attens, cruelle mort,
      A terminer son sort,
Qu'il ait appris que j'ay perdu la vie.
    Dans un desespoir si pressant,
    L'ingrat ne doit plus guere attendre;

DIDON,
Du même fer dont il m'a fait present,
Je puniray mon cœur d'avoir esté trop tendre.

Mais le secours de ma fureur,
N'est pas un secours necessaire.
Je pers un inconstant, qui seul pouvoit me plaire;
C'est trop de ma vive douleur,
Pour me priver de la lumiere.

Elle tombe évanouïe.

SCENE CINQUIE'ME.
DIDON évanoüie. L'Ombre de SICHE'E.

L'Ombre de SICHE'E.

Aprés avoir trahi tes sermens & ta foy,
Peux tu souffrir le jour malheureuse Princesse?
Un infidele comme toy
Me vangè de ta foiblesse,
V'iens cacher pour jamais dans l'horreur du tombeau,
La honte d'un hymen que tu croyois si beau.

Didon revient de son évanouïssement.

DIDON.

Que vois-je! quel phantôme à mes yeux se presente!
Ah! je fremis d'horreur, & d'épouvante.

L'Ombre disparoist.

SCENE SIXIEME
ET DERNIERE.
DIDON seule.

UN genereux trépas dans ce fatal moment,
   Peut m'affranchir d'une peine cruelle ;
Malheureuse Didon, pour finir ton tourment,
Meurs, l'ombre de Sichée est icy qui t'appelle.
Les enfers n'ont-ils pas prédit ton triste sort ;
Tu les entens, enfin, cette paisible vie
     Qui n'est point sujette à l'envie,
     Est le repos qui suit la mort.

   Terminons des jours déplorables ;
Mourons, puisqu'on me laisse en proye à ma fureur,
   Ne perdons pas ces momens favorables,
     L'ingrat qui trahit mon ardeur
     Vient d'échaper à ma rage.
     Déchirons ce funeste gage,
     D'un amant parjure & trompeur ;
     Perçons du moins son image,
     Puisqu'elle est encor dans mon cœur.

Didon déchire la robe qu'Enée luy avoit donnée, & se frape d'un poignard qu'elle portoit toûjours, parce qu'il venoit de luy.

   Traître, reconnois ton ouvrage ;

Vois ce coup inhumain:
Il part de ta cruelle main,
Pour contenter ta barbarie,
Ce n'eſtoit pas aſſez de mes vives douleurs,
Il falloit m'arracher la vie;
Soule-toy de mon ſang, ah! c'en eſt fait je meurs.

Fin du cinquiéme & dernier Acte.

www.ingramcontent.com/pod-product-compliance
Lightning Source LLC
LaVergne TN
LVHW022125080426
835511LV00007B/1041